Ao meu único desejo
Júlia Gamarano

cacha
lote

Ao meu único desejo

Júlia Gamarano

eu gosto do som do seu nome na minha boca	19
[nas nossas conversas imaginárias, você e eu de mentira]	20
eles me perguntam sobre as facas	21
eu te amo há um ano	22
balanço alemão-francófono	23
símbolos	24
caps	25
epifania	26
crime	27
comida	28
você não merece alguém como eu	29
homens	30
sombras	31
vingança	33
[eu Desejo luzes brilhantes azuis e toques leves]	34
A morte é como um xamã	35
lista de coisas com que sonhei:	36
[me pergunto se depois de nós morrermos]	37
[a verdade é que isso é um exercício de exorcismo.]	38
[i wish i could cry blood so the tears]	39

motivo	40
sexy	41
tudo era apenas uma brincadeira	42
onírico	43
não estou apaixonada por você, mas sonhei com você durante horas.	44
compreensão	45
o ciúme me entedia: eu não entendo as pessoas	46
submundo	47
[hoje: Ferrante, pizza de quarta-feira]	48
se eu pudesse ser qualquer outra pessoa no mundo,	49
isso é uma contradição	50
ninguém se lembra de serguei iessienin	51
Mais respeito:	52
Why have I ever thought you would want me back?	53
[Um quadro do Leonardo da Vinci]	54
Coisas que eu gosto sobre você:	55
[As árvores escutam]:	56
Я не говорю по-русски	57
you're a baby, i'm a whore,	58
esse é o meu tipo de homens: os que tem um carro	59

Desejo me fundir à noite	60
diego rivera e frida kahlo	61
a verdade	63
vá e diga a sua esposa que você está a deixando por mim	64
acordo com vontade de você	65
você me disse: não olhe pra mim desse jeito	66
penso muito sobre como meu corpo vai ficar após minha morte	67
sangue	68
almoço em família blues	69
[ever fallen in love]	70
Sou uma boa menina, eu juro	71
eu sou sempre duas coisas	73
tédio	74
a individualidade me entendia	75
Mesmo que eu tente ser o mais cruel possível	76
resposta	77

Para você.

I am devoured with restlessness and fever. I cannot be quiet. I am wildly dreaming of escape, voyages, love, wildly craving love.
Anaïs Nin

I love you with everything that is good in me as a human being, with everything in me that makes me deserving of being astir among the living.
Franz Kafka

Nothing in the world belongs to me, but my love, mine all mine.
Mitski

[...] e eu lhe disse que em meus poemas a morte era a minha amante e amante era a morte e ele disse: teus poemas dizem a justa verdade. Eu tinha dezesseis anos e não possuía outro remédio senão procurar pelo amor absoluto.
Alejandra Pizarnik
Traduzido por Davis Diniz

ALGO SOBRE O ATOR

no que se move
como a vida
sempre em órbita
tem calma
e peso
como a própria vida
é pesada   Para alguns
a vida é muito leve
e ao mesmo tempo pesada
e estes escapam do que acontece
e ali ficam
trêmulos
tímidos

sem saber o que dizer
não têm nada a dizer
e portanto algo deve ser dito   E
           [seguem em frente
a passos leves e retos como o vento
em frente vão
e então param
com o peso de si mesmos
à luz alheia
enquanto a vergonha
esmaece
e se eleva como um anjo guardião

Então as asas do anjo se abrem
sobre eles e o abraçam

E tudo está dito

Jon Fosse

traduzido por Leonardo Pinto Silva

PARA O MEU ÚNICO DESEJO

ou

UM ESTUDO SOBRE LIMERÊNCIA

eu gosto do som do seu nome na minha boca
as duas sílabas deslizando pela língua
é como se você estivesse nela
darling, don't you think we're meant to be?
eu não me importo que demore
embora minha conta de analistas esteja alta
e todos os meus amigos revirem os olhos quando começo a falar de você.
mas o que devo fazer?
te agarrar pela gola e sacudir?
eu fico, parada, fingindo que sou esfinge
que tenho mistérios, que você vai querer me decifrar
(e não apenas pra não ser devorado)
é assim que vai acontecer:
eu espero e você vai embora
acha uma moça simpática mas não mais bonita que eu
tem uma linda vida contada por fotos do instagram
e eu enlouqueço de amargura
ou talvez mude de ideia
e escreva esse poema para outra pessoa

nas nossas conversas imaginárias, você e eu de mentira somos muito mais interessantes do que você e eu de verdade. eu sempre sei o que dizer, como flertar, como te fazer rir e você me ama por isso. na vida real, não passo de uma vírgula para você.

dia após dia me sinto torturada pelos meus sonhos. sim, é a velha frase, tatuada para sempre na minha pele: "o mundo é um moinho, vai triturar teus sonhos, tão mesquinho." muita gente acha que é mesquinhos, mas é mesquinho. o mundo é mesquinho, não os sonhos. não sei se é possível para os sonhos serem mesquinhos.

a solidão é um peso, um fantasma em cima de mim quando deito pra dormir. nada parece sanar. me ocupo com tapa-buracos, com qualquer coisa que faça eu me sentir minimamente desejada.

o passado me tortura e o futuro não está muito longe disso.

tirei essa foto que te mando num dos raros dias que consegui apreciar a beleza da usp. não é beleza que todos desejamos? ou o amor? com certeza, não é o conhecimento.

estou divagando e daqui a pouco tenho que sair do táxi. você me liga mais tarde?

eu espero. eu sempre te espero.

ELES ME PERGUNTAM SOBRE AS FACAS

mas é claro que perguntam.
primeiramente, reajo
a ironia
ninguém acredita em mim?
a culpa
o remorso
o desejo
ganho e coleto todos
pois as lâminas continuam no meu bolso
sim, peguei as facas e continuarei pegando as facas
nada me tira o deleite de ver a carne sangrar
a dor que rapidamente se transforma em prazer
nós, mulheres,
deveríamos trocar todos os homens por facas bem afiadas.
ou quem sabe nos unir a elas
numa junção mulher-faca
uma medusa com facas no cabelo
ou uma tigresa com facas nas unhas e mãos
as facas
eu as roubei

eu te amo há um ano
daqui a anos
poderei dizer que te amo há anos e isso me assusta.
o que você é?
você se entranhou em meu sistema
no meu dna
grudou na minha pele e na raiz dos meus cabelos
agora todo lugar que me tocam estou tomada por você

isso é uma benção ou uma maldição?
é uma maldição o fato de que você não olhe pra mim e ignore minhas chamadas.
maldito seja você
e maldita seja eu quando olhei pra você
e vi o que vi
 o que será que eu vi?
porque minhas amigas não te acham bonito
minha psicóloga diz que você é muito velho
e nossos signos não combinam

mas eu gosto do não,
gosto do contraditório,
gosto de sofrer por amor,
gosto de chorar sem motivo,
gosto de fazer escândalos,
gosto de gritar na rua,
gosto de você.
gosto de você, ****.

BALANÇO ALEMÃO-FRANCÓFONO

e eu ainda gosto dela
mas o problema é que eu vivo pro amor
e ela apenas vive

não há certo ou errado
viver para o amor é uma devoção, uma obsessão
é preciso alguém que entenda o sagrado.

safo queria ser lembrada
μνάσεσθαί τινά φαιμι καὶ ἕτερον ἀμμέων[1]
você não quer, meu bem?

pois eu quero.
tenho muito a dizer e te imortalizo nesse poema
mesmo que você jamais saiba que ele foi escrito pra você

tente ler as entrelinhas
você estudou pra isso
e talvez verá seu nome escrito, como num código

(é mentira. não há códigos. apenas a verdade vazia e aberta. pulsante.)

---

[1] "Sei que alguém no futuro se lembrará de nós.". Fragmento 147 de Safo. Tradução de Guilherme Gontijo Flores.

SÍMBOLOS

é um enigma
não consigo interpretar entonações
ou palavras escondidas
duplos sentidos em frases mundanas
mas não tenho coragem de perguntar
de qual lado da faca de dois gumes você está

eu quero te proteger,
mas como te protejo de você mesma?
você deixou claro que não precisa da minha ajuda
mas eu tenho síndrome de herói
por favor
saia

todas as histórias horríveis que você me contou
ressoam quando olho pra ele
e penso em todas as mulheres que já foram diminuídas por um homem
um número tão grande que precisaria de volumes infinitos desse livro
penso em jogar vinho em sua cara
penso em sangue sangue sangue bom bom bom

alguém grita
alguém chora
alguém teve a filha levada pelo conselho tutelar

no final todos riem
todos cantam:
o mesmo looping eterno de cinco músicas

o lanche é vagabundo
hoje o pão só tem manteiga
o canudo do suco se perdeu

tem gosto de comida de hospital mas alimenta

talvez a gentileza de todos ali também tenha uma frieza hospitalar. eles te tratam bem para que você não se torne um paciente problema.

então recomendo conversar com a senhora de setenta anos que namora um cobrador de ônibus de vinte e sete
e pegar um pouco de sol mesmo que os mosquitos te piquem
sair com um sorriso no rosto e lítio no bolso

EPIFANIA

eu tive uma epifania:
você nunca vai se livrar de mim.
desvie o quanto quiser
mas depois da minha morte,
voltarei para assombrá-lo, meu Heathcliff

não, eu nunca vou te deixar
esses poemas vão te marcar
queimar sua pele
com as minha iniciais
se renda, é mais fácil

venha, ainda tenho amor no meu coração para te perdoar
tudo pode ficar bem
você nem perceberá as marcas que fiz na sua pele
no momento em que cravei os olhos em você pela primeira vez

CRIME

volte aqui com as mãos cheias de sangue
e escreva um poema sobre isso

machuque todos que você ama
e escreva um poema sobre isso

quebre corações e ria de suas lágrimas
e escreva um poema sobre isso

seja nefasto consigo mesmo
e escreva um poema sobre isso

corte, toda noite, seu rosto em pedaços
e escreva um poema sobre isso

aprenda a ser cruel
ou não se tornará um poeta

COMIDA

eu fiz aquilo novamente.
debruçada sobre o vaso de porcelana
dois dedos com as unhas esmaltadas de azul na garganta
quarenta reais de comida de delivery sendo levados para o esgoto

mas o sentimento é bom
se olhar no espelho depois é bom
a leveza é boa
o vazio me completa

eu sorrio à beira da anemia
sou bela!
o que mais importa?

você não merece alguém como eu
alguém que olharia nos seus olhos e pediria
que me enfiasse uma faca na garganta
ou alguém que orquestre vinganças
de maneira constante e obsessiva
alguém que ri em enterros e chora em aniversários
que planeja a morte como quem prepara um brunch
que acha certos sentimentos humanos divertidos
como um gato que brinca com sua presa.

meu bem,
fique longe de poetas.

HOMENS

tudo que eles querem
é deixar sua marca em você:
entre suas pernas
nas suas entranhas
dentro da sua boca
na fina pele do seu pescoço.

você diz que não
mas não nunca é o suficiente
não é um convite para insistências
para olhos revirados
braços cruzados
portas batendo

você tem medo dos homens que conhece
e também dos que não conhece
não sabe tudo que passa na cabeça deles
e como essas fantasias deturpadas
poderiam acabar com você sangrando

seus mistérios femininos
não são comparados à força
e crueldade bruta masculina
que só busca devorar e destruir
e não ser seduzido

SOMBRAS

Para Natália Cristo

quando nos conhecemos
havia um fogo que queimava em seus cabelos
azul,
ele ameaçava te engolir.
joguei você no rio e por um momento
você achou que eu tentava te matar
eu só queria apagar o fogo

tempo depois, com as roupas já secas
você apontou para o fogo nos meus cabelos.
(vermelho)
e eu então te contei meu maior segredo:
rio nenhum apagaria esse fogo

andamos entre campos
de lírios e larícios
onde crianças brincavam
e música tocava
pode ter sido o Éden,
pode ter sido apenas você.

eu ainda tentava te afogar
sempre que o azul voltava a nascer em seus cabelos
mas sempre gentil, você me mostrou que não fazia o mesmo comigo

e que o fogo a mantinha aquecida
então continuamos a andar
sem destino mas sempre em frente
as chamas dos nossos cabelos se fundindo em roxo

VINGANÇA

antes
achava que a palavra tinha um significado diferente
tapas e gritos e rostos vermelhos
hoje vejo:
são anos e anos
de ressentimento e solidão
de raiva que cresce e efervesce
planos e noites mal dormidas
com o objetivo de destruir tudo aquilo que já te tocou

você sonha com a vingança como um dia sonhou com o amor.
sonha com vidas arruinadas e insônias que durem uma vida inteira
e mesmo assim
seria o suficiente pra você?

eu Desejo luzes brilhantes azuis e toques leves no pescoço que arrepiem o corpo. Desejo esfregar o pé na grama descalça e não lidar com insetos. Desejo queijo com goiabada na madrugada. Desejo um dia todo lendo Tchékhov. Desejo um dia todo passado em São Petersburgo. Desejo fincar os dentes em algo e nunca mais soltar, e sentir o sangue escorrer pelo queixo.

Desejo o abraço de um cachorro que não conheço. Desejo que você responda minhas mensagens. Desejo voltar a Paraty. Desejo dar um soco no homem que fez minha melhor amiga chorar. Desejo bater minha cabeça contra a parede.

Desejo uma vida fácil e uma morte rápida. Desejo violência. Dentes quebrados e sangue e mais sangue com o som da minha risada. Hematomas pelo corpo.

Desejo dormir e dormir e dormir e dormir e dormir e depois não sei mais o que desejo. Essa é uma lista simples. *Can you do it for me, baby?*

A morte é como um xamá
Como o flautista de hamelin
Ela me convida a sua cama
E eu regojizo em seus lençóis de seda esperando sua bênção
Unção sagrada
A morte vai me purificar
Das cinzas para o nada
Da carne para a terra
Devorada por insetos
Às vezes sinos balançam em túmulos de cemitério
E os mortos dançam quando ninguém vê

A morte me puxa pelo pescoço e eu suspiro
seu toque é melhor do que o de
qualquer amante.

Ela passa o nariz pelo meu pescoço
faz promessas doces sobre
meu suicídio.

Eu concordo com o que é que ela tenha a dizer contanto que eu morra
no final.

Então jogo seu jogo e danço com ela
Até que perco
E caio
Morta

LISTA DE COISAS COM QUE SONHEI:

1– beijos proibidos.

2 – neve que nunca senti na minha pele.

3 – uma das minhas vizinhas conversava com a outra, dizendo para ter cuidado comigo, pois no meu quarto tinha mariposas e isso significava que eu era perigosa. (é verdade que no meu quarto tem mariposas)

4 – meus cachorros morriam, um após o outro. acordei chorando. minha mãe me disse que significa vida longa.

5 – a filha da minha amiga de infância, agora adolescente e bela, rejeitava nossos elogios com toda a sua impaciência juvenil.

6 – algumas coisas não posso escrever nesse livro.

7 – você, sorrindo pra mim na praia do arpoador. sua imagem parecia distante, como se minha visão fosse um filtro analógico. gosto de pensar que sorri de volta. dizem que meu sorriso é bonito.

me pergunto se depois de nós morrermos as pessoas se perguntarão por que escrevi esse livro pra você.
será que elas tentarão vê-lo como eu te vejo, como você faz quando um amigo gosta de alguém antipático?
não que antipático seja o que você é.
me pergunto se é um erro deixar meu sangue vazar e virar tinta, imortalizar minha obsessão.
desejo tão óbvio que me causa vergonha.
I am ashamed by the monstrosity of my desire.

a verdade é que isso é um exercício de exorcismo. escrevo para me livrar de você, sacudir o amor do meu corpo e fazer ele sair, rastejando pelas minhas pernas como um feto. eu nunca poderia te olhar no olho e dizer essas coisas. então escrevo. e rezo.

eu pareço uma completa idiota. mas pelo menos sei disso.

sempre achei que o amor nos fazia pessoas melhores, então eu devo ser uma pessoa tão boa a ponto de enlouquecer.

beatificada pelo amor, pela loucura, pela bondade, pela obsessão, por você olhando para mim como um deus.

estou cansada de esperar. quero o expurgo, quero violência, quero meu corpo banhado em água quente como um batismo que busca expulsar tudo que há de errado em mim.

sinto quase vontade de rir, pois sei que você vai se recusar a ler qualquer coisa escrita com meu nome.

melhor assim.

i wish i could cry blood so the tears would stain my face and everyone would see

MOTIVO

Todo mundo disse que eu precisava fazer isso:
Escreve o livro
Quebra o feitiço
Mas será que eu queria?
Meu amor me permitia alçar aos céus
Eu pensava em você e era enchida por Graça
Havia alguma diferença se você evitava meu olhar
Já que meu amor me tornava uma pessoa melhor
E me limpava de todos os meus pecados?

SEXY

Você é sexy porque é mais velho que meus pais
Sexy porque teve muitas namoradas mas não lembra o nome da maioria
Sexy porque sabe cozinhar
Sexy porque compra a comida cara que eu quero
E se é um dia bom, paga um uber para que eu volte para casa
Sexy porque embora você já esteve na França e eu não
Meu francês é melhor que o seu
Sexy quando murmura no meu ouvido:
half of what say is meaningless, but i say it just to reach you Julia
Fico feliz que você saiba que é *meaningless*
Às vezes eu choro e peço conselhos
E você murmura qualquer coisa e me leva pra cama
(Sexy)
É simples:
só estamos ali pelo prazer mútuo
É sexy quando eu tomo o controle
É sexy quando eu digo que não
É sexy quando eu ignoro suas chamadas e acendo um cigarro no meu quarto

tudo era apenas uma brincadeira
e foi crescendo
crescendo
me absorvendo
e a loucura se apossou de mim
não sei diferenciar loucura e amor. sou jovem demais pra isso.
talvez eu precise que alguém me ensine.
homens gostam de ter alguém pra ensinar.
alguém que jogue o cabelo, peça um isqueiro, diga que não entendeu.
e não posso mentir e dizer que não gosto de interpretar o papel.
i aim to please. good good girl who smiles and sits with her legs tight closed.

ONÍRICO

sonhei duas coisas essa madrugada

encontrava uma amiga de infância em uma praça. ela fingia que não me via, dizia estar ocupada com um jantar que faria.

meu orientador lia as pouquíssimas páginas que escrevi da minha tese e me proclamava um gênio. dizia que eu estava na linha certa e deveria continuar.

acordei me sentindo patética.
a necessidade de ser vista é tanta que se manifesta até nos sonhos?

não estou apaixonada por você, mas sonhei com você durante horas.

por favor, não se sinta especial. meus sonhos tendem a ser obsessivos.

no sonho, íamos almoçar com a sua namorada. ela te dizia, numa ligação, para parar de passar tanto tempo com essa garota problema. ela parecia irritada e eu gostei. uma mulher mais velha sentindo ciúmes de mim. sorri no sonho e sorri quando acordei.

é realmente difícil se importar com a ordem das coisas quando você tem vinte e dois anos e o mundo é uma tela em branco pronta para que você a rasgue em pedacinhos.

estou queimando a tela, pouco a pouco. daqui a um tempo os vizinhos reclamam do cheiro. a polícia vem, contanto que não seja um ritual satânico ou alguma das bizarrices que gostam de acontecer na zona oeste de são paulo.

COMPREENSÃO

cheguei em casa agora. contei pra D. sobre você. só o básico, deixei de fora os detalhes sórdidos. não que eles sejam muitos.
também não me senti muito compelida a mostrar uma foto sua. não sei o que espero quando mostro uma foto sua pras pessoas. que elas entendam, talvez?

como se compreende o desejo? é pura estética, pura loucura? nada de razão.

me dizem que esse expurgo vai ser bom pra mim. meus amigos frequentemente perguntam se eu falo de você na terapia. na verdade, não muito.
você é o menor dos meus problemas.
você é meu único desejo.

o ciúme me entedia: eu não entendo as pessoas
me pergunto se sou humana
ou apenas um ser motivado pelo desejo de sempre estar por cima
gostaria que você me odiasse
gostaria que eu pelo menos ocupasse uma fração na sua cabeça
porque você é a melhor pessoa que eu já conheci
e eu queimo queimo queimo tudo de bom que me acontece
espero que você sobreviva ao fogo intacta.

aqui está o problema:
passei muito tempo sozinha na infância
e vi muitos filmes do jeremy irons na adolescência
agora só aceito beijos que vêm com gosto de cigarro
e almejo a violência perfeita
ser coroada a rainha dos mortos
a Perséfone entre os vivos
alguém tão cinza que faça com que eu
eu!
subitamente tenha cores

i have no desire to go on
os incentivos alheios são um tédio
quero que todos me amem
e que ninguém nunca mais fale comigo
queria morrer, e no mesmo instante,
ver meu corpo se transformar no de um pássaro
pássaros vão para o céu ou para o inferno?
sou melhor sendo poeta ou sendo puta?
quem sabe responder essas perguntas, deus ou o diabo?

hoje: Ferrante, pizza de quarta-feira. fumo um cigarro na frente da casa para não incomodar B. penso sobre o que E. falou e não tiro nenhuma conclusão. sinto falta de L. muita. me pergunto como vou conseguir viver sem as pessoas. tenho dificuldade pra respirar, e na hora do banho, acho que vou desmaiar. deito na cama enrolada na toalha úmida por vinte minutos, sentindo a cabeça zunir. Natália diz que é porque eu não como.

um dia já me orgulhei de ser um livro aberto. agora sinto vergonha de ser o que sou e nem conseguir esconder, nem tentar. anos e anos de exposição escancarados, querida, é por isso que você está sempre sozinha.

tenho saudade do tempo em que existia alguém pra fazer café com leite pra mim. não acredito quando me dizem que vai ficar tudo bem. pergunto pro meu psiquiatra o que devo fazer pra morrer. ele me responde: escreva.

se eu pudesse ser qualquer outra pessoa no mundo,
escolheria o não-eu.
gostaria de ser
um jornaleiro no líbano
ou uma nadadora na alemanha
gostaria de poder escapar da minha pele
e transitar invisível
gostaria que nunca mais olhassem pra mim.

é egocêntrico, eu sei.
eu entro em um cômodo e presumo que todos estão olhando pra mim.
mas me diga, você nunca teve vinte e dois anos?
pelo pouco que sei de você,
assumiria que fez mais estragos do que eu faço

isso é uma contradição
como posso afirmar que tenho um único desejo
se pensar em você me faz pensar em
tudo que já amei
odiei
desejei
é algo que se abre.
as possibilidades pairam
e eu,
jovem e tola,
escolho você.

ninguém se lembra de serguei iessienin
do jeito que se lembram de vladimir maiakovski
iessienin, que casou com isadora duncan e depois com uma das netas de tolstói
e num novembro frio se matou em um quarto de hotel
escreveu uma carta de suicídio com o próprio sangue
um poema
que horrivelmente, é traduzido do russo com rimas
e depois se enforcou
muitas mulheres copiaram o que ele fez
uma epidemia suicida
e até hoje
tem fotos do seu cadáver na internet, eternamente com trinta anos

Mais respeito:
Eu devo morrer em breve
Lembre de mim em todos os momentos que fui nobre
E pense que nunca foi mesquinha

Why have I ever thought you would want me back?
Eu, que ando sempre cinco passos a sua frente,
Eu com meus caprichos aristocráticos
Eu com minha pouca idade e minha muita convicção
Eu e meus vícios, minha insônia, minha tendência alcoólatra
Eu e meu desejo de sempre ser *la plus belle pour aller danser*
Não recomendaria a você que me desejasse
O meu desejo é o suficiente para cobrir nós dois
Você ficará seguro embaixo de mim

Um quadro do Leonardo da Vinci está pendurado na parede como se fosse uma imagem de Jesus Cristo.
Sinto que os homens olham pra mim no metrô quando saio de vestido florido.
Pergunto a Fernanda se dá tempo de fumar um cigarro até chegarmos lá.
Ouvindo uma música do Gilberto Gil, penso em Freud.
Acredito que penso mais em Freud do que a pessoa média.

Coisas que eu gosto sobre você:
Você é gentil
Você é bonito
Você gosta de cachorros
Você fuma (sou culpada do pecado juvenil de achar cigarros sensuais)
Eu não sei nada sobre você então posso inventar mil características que me fazem te amar
Olhando no espelho, vejo seu rosto
Desenho por cima dele com giz pastel

E depois o apago
O desfiguro
O não-você
A não-imagem de você
Apenas olhos castanhos que me fitam
Mas nada
Nada que eu saiba sobre você
Apenas os seus olhos
Que me julgam por meu desejo

As árvores escutam: não vá para a floresta de noite e não fale com elas
Você não sabe o que está escondido na escuridão
Mas ele te observa e deseja roubar seu nome
Nunca diga seu nome e nunca coma as sementes de romã

As pessoas na floresta não possuem rostos
Você não deve subir as escadas.
Não olhe pra elas, não toque nelas.

Я НЕ ГОВОРЮ ПО-РУССКИ

Prometi a você que não morreria aqui
E sim no Rio Volga

YOU'RE A BABY, I'M A WHORE,

Você é o mais perto que consigo estar dele sem estar com ele
O mais próximo do céu que algum dia chegarei

esse é o meu tipo de homens: os que tem um carro
esse é o meu tipo de mulheres: aquelas que você encontra no banheiro de uma festa, e bêbadas, lambem o dedo para consertar o delineador borrado.

Desejo me fundir à noite
Me tornar uma mariposa
Ou uma criatura que bebe sangue

DIEGO RIVERA E FRIDA KAHLO

eu tinha um amante
mais velho que eu
cuja namorada
também era mais velha que ele
ela tinha a idade da minha mãe
e cinco anos a menos que a mãe dele

meu amante dizia que eu ficava bem
de amarelo
de verde
de branco
nua na cama dele

ele me dava livros, comidas e conselhos
me sentia especial por ele gostar de mim
e por todos os elogios que ele fazia
ao meu corpo, minha personalidade, meu intelecto

achei que ia durar pra sempre porque
gostava das marcas arroxeadas de dedos
que ele deixava no meu braço
e gostava que ele fumasse cigarros de melancia
quando sentia minha falta

ele me chamava de orquídea
más não do jeito que vocês estão pensando
me chamava também de princesa
linda
sexy
gênia
e o pior de todos: poeta

A VERDADE

você não responde minhas mensagens
porque está muito ocupado
fodendo com uma mulher morta

vá e diga a sua esposa que você está a deixando por mim
porque eu tenho vinte anos a menos
porque falo russo
porque você gosta do meu sotaque
mas não do sotaque carioca em geral
porque sou fértil
tenho vida pulsando em mim
e os pensamentos de morte?
do seu lado não existem

acordo com vontade de você

você me disse: não olhe pra mim desse jeito
como se eu pudesse conter minha adoração

penso muito sobre como meu corpo vai ficar após minha morte
gostaria de corrigir
todas as imperfeições do meu cadáver

Entre suas pernas
Nas cutículas roídas
Nas gengivas
(Você não escova os dentes? Não pode ser tão descuidada assim)
Nos cortes nos braços e nas coxas
No nariz, quando você grita contra o travesseiro
No seu corpo todo, se movimentando como um líquido estrangeiro
Bombeando seu coração
Coração esse que você gostaria de arrancar com as próprias garras
E entregar numa bandeja de prata
Para alguém?
Para o mundo?

almoço em família blues

EVER FALLEN IN LOVE WITH SOMEONE YOU SHOULDN'T HAVE FALLEN IN LOVE WITH?

Você pensa em mim toda vez que lê Plath?
Toda vez que escuta Cartola,
Toda vez que come um morango,
Toda vez que te falam sobre Salomé e João Batista?

Você pensa em mim, pensa em mim, pensa em mim.
Eu sei que sim.

Sou uma boa menina, eu juro
Não jogo lixo no chão mas
Não me importo de trepar com seu namorado

É meu aniversário.
Eu digo que quero livros.
Ele pergunta qual o tamanho da minha lingerie.

Eu deveria reclamar sobre isso?
Eu não pedi por isso?
Meu nome não foi feito em cima disso?

Sou mais interessante com a boca ocupada
Ou fechada
"Ninguém liga para os seus poeminhas"

De joelhos
Olhando pra cima
Mas sem rezar

De quatro
Sufocando no travesseiro
Fingindo gostar

Mas fora do quarto
Serei sua boneca da Mattel

E não vou flertar com seus amigos

A verdade é que não importa quantas coisas tenham enfiado em você
Você continua sozinha
E continuam te chamando de puta

Eu não disse que gostava?
Eu não subi a saia?
Eu não bati as pestanas?

Sim, sim, sou culpada de todos os pecados que possam me acusar.
Menos da mentira
Honest to a fault

pute salope putain
whore bitch cow
сука шлюха путанка

eu sou sempre duas coisas
você ou ele
são paulo ou rio
doce ou amargo
paladar infantil ou sapatos de salto
que machucam o calcanhar

Você senta no seu robe cor de rosa e espera que o escritor pare de escrever
Além de escrever, o escritor fala
Ele fala sobre a Bíblia e sobre o Inferno
Sobre como a coisa mais triste do mundo é o fato de que ele não é Dante
Você ajeita o decote e estende as pernas
É a postura mais clara de: olhe pra mim e me queira
O escritor diz: não me distraia
Você replica que tudo que o escritor conseguiu na vida foi por causa de distrações
E pra isso ele não tem resposta
(Então você abre as pernas)

a individualidade me entendia
can you make me? can you make me to your liking? can you shape me so that you will love me?
prometo sempre ser sua bonequinha perfeita
e nunca ter um pensamento original

quero alguém que me diga como agir pensar falar o que comer o que usar com quem conversar
isso provavelmente não é muito feminista da minha parte
me defendo dizendo que as moças que há muito queimaram sutiãs não vivem na minha cabeça

é tão fácil ceder e deixar de ser
o difícil é
achar alguém que consiga aguentar o poder da dominação

Mesmo que eu tente ser o mais cruel possível
Nunca vou conseguir te machucar do jeito que você me machuca
E o jeito como faz: casual, sem intenção
Minha maldade calculada não é páreo para a sua verdadeira indiferença

RESPOSTA

para Júlia Gamarano

você estava certa em todas as vezes que se afirmou tola,
porque como poderia achar que esse livro é algo além de um capricho de menina mimada?
um feitiço, você disse
se for para me conquistar,
você falhou.
você gosta de dizer que consegue tudo que quer e acha que os outros gostam da sua presunção
enfant terrible, pequena gênia
nada disso
você quebra e queima como se fosse seu direito
e porque se ajoelha aos domingos,
acha que será absolvida.
todo mundo sabe o que você é, mas você
só se importa com o que eu acho.
tentei te falar de maneiras mais delicadas
mas não é isso que você quer.

AGRADECIMENTOS

Por todo o apoio, paciência e carinho incessante, eu gostaria de agradecer a Fellipe Gamarano, Natália Cristo, Victoria Pereira, Raquel Alves, Maíra Gamarano, Fernanda Morais, Julia Gamboa, Valentina Nicodemos, Dan Salas, Rafael Bonavina, Julia Barandier, Júlia Rodrigues, Maria Eduarda Guimarães, Roberta Gil e toda a equipe do CAPS Butantã.

CARA LEITORA, CARO LEITOR

A **Cachalote** é um selo do grupo editorial **Aboio** criado em parceria com a **Lavoura Editorial**.

Lemos, selecionamos e editamos com muito cuidado e carinho cada um dos livros do nosso catálogo, buscando respeitar e favorecer o trabalho dos autores, de um lado, e entregar a vocês, leitores, uma experiência literária instigante.

Nada disso, portanto, faria sentido sem a confiança que os leitores depositam no nosso trabalho. E é por isso que convidamos vocês a fazerem cada vez mais parte do nosso oceano!

Todas as apoiadoras e apoiadores das pré-vendas da **Cachalote**:

— têm o nome impresso nos agradecimentos dos livros;
— recebem 10% de desconto para a próxima compra de qualquer título do grupo Aboio.

Conheçam nossos livros e autores pelos portais cachalote.net e aboio.com.br e siga nossos perfis nas redes sociais. Teremos prazer em dividir com vocês todos nossos projetos e novidades e, é claro, ouvir suas impressões para sempre aprendermos como melhorar!

Embarque e nade com a gente.

Cada livro é um mergulho que precisa emergir.

APOIADORAS E APOIADORES

Agradecemos às 151 pessoas que confiam e confiaram no trabalho feito pela equipe da **Cachalote**.

Sem vocês, este livro não seria o mesmo.

A todos os que escolheram mergulhar com a gente em busca de vozes diversas da literatura brasileira contemporânea, nosso abraço. E um convite: continuem acompanhando a **Cachalote** e conheçam nosso catálogo!

Adriane Figueira Batista
Afranio Bittencourt Filho
Alexander Hochiminh
Aline Freitas
Allan Gomes de Lorena
Ana Lucia Blanc
André Balbo
André Costa Lucena
André Pimenta Mota
Andreas Chamorro
Andressa Anderson
Anthony Almeida
Antonio Carlos Rezende
Antonio Pokrywiecki
Arthur Lungov
Bianca Cytrangulo
Bianca Monteiro Garcia
Caco Ishak
Caio Balaio
Caio Girão
Calebe Guerra
Camilo Gomide
Carla Guerson
Cecília Garcia
Cintia Brasileiro
claudine delgado
Cleber da Silva Luz
Cristina Machado
Daniel Dago
Daniel Dourado
Daniel Giotti
Daniel Guinezi

Daniel Leite
Daniela Rosolen
Danilo Brandao
Denise Lucena Cavalcante
Dheyne de Souza
Diogo Mizael
Eduardo Henrique Valmobida
Eduardo Rosal
Ellen Melo
Enzo Vignone
Évelyn Martins
Fábio José da Silva Franco
Febraro de Oliveira
Felipe Abeijon
Fellipe Barbosa
Fernanda Caires de Morais
Fernanda Magnotti
Flávia Braz
Flávio Ilha
Francesca Cricelli
Frederico da C. V. de Souza
Gabo dos livros
Gabriel Cruz Lima
Gabriel Stroka Ceballos
Gabriela Machado Scafuri
Gabriela Seguesse Freitas
Gael Rodrigues
George André de Miranda

Gilberto de Mattos Miranda
Giselle Bohn
Guilherme Belopede
Guilherme da Silva Braga
Gustavo Bechtold
Henrique Emanuel
Henrique Lederman Barreto
Isabel de Souza Blanc Mendes
Jadson Rocha
Jailton Moreira
Jefferson Dias
Jessica Ziegler de Andrade
Jheferson Neves
João De Lucca Corrêa Barreto
João Luís Nogueira
Julia Gamboa
Júlia Rodrigues
Júlia Vita
Juliana Costa Cunha
Juliana Slatiner
Júlio César Bernardes Santos
Laís Araruna de Aquino
Lais Rodrigues
Laura Redfern Navarro
Leitor Albino
Leonardo Pinto Silva
Leonardo Zeine
Lili Buarque

Lolita Beretta
Lorenzo Cavalcante
Lucas de Souza Gamarano
Lucas Ferreira
Lucas Lazzaretti
Lucas Verzola
Luciano Cavalcante Filho
Luciano Dutra
Luis Felipe Abreu
Luísa Machado
Luiza Polessa
Maira de Souza Gamarano
Manoela Machado Scafuri
Marcela Roldão
Marco Antonio
    Carvalho de Freitas
Marco Bardelli
Marcos Vinícius Almeida
Marcos Vitor Prado de Góes
Maria Eduarda
    Rocha Guimarães
Maria F. V. de Almeida
Maria Inez Porto Queiroz
Mariana de Lamare Dias
Mariana Donner
Mariana Figueiredo Pereira
Marina Lourenço
Mateus Magalhães

Mateus Torres Penedo Naves
Matheus Picanço Nunes
Mauro Paz
Milena Martins Moura
Milton Junior
Minska
Monica De Carvalho
    Travassos e Souza
Monica Travassos
Natalia Timerman
Natália Zuccala
Natan Schäfer
Neusa Franzoi
Nicolas Negreiros Ramos
Otto Leopoldo Winck
Patrícia Gamarano
Paula Maria
Paulo Rodrigues
Paulo Scott
Pedro Torreão
Pietro Augusto Gubel Portugal
Rafael Mussolini Silvestre
Ricardo Kaate Lima
Rodrigo Barreto de Menezes
Samara Belchior da Silva
Sandra Barbosa
Sandra Lucia Modesto
Sergio Mello

Sérgio Porto
Simone de Carvalho
Thais Fernanda de Lorena
Thassio Gonçalves Ferreira
Thayná Facó
Tiago Moralles
Valdir Marte
Verônica Soares
Weslley Silva Ferreira
Yvonne Miller

PUBLISHER Leopoldo Cavalcante
EDITOR-CHEFE André Balbo
REVISÃO Veneranda Fresconi
ASSISTÊNCIA EDITORIAL Nelson Nepomuceno
DIREÇÃO DE ARTE Luísa Machado
COMUNICAÇÃO Thayná Facó
COMERCIAL Marcela Roldão
PROJETO GRÁFICO Leopoldo Cavalcante

© da edição Cachalote, 2024
© do texto Júlia Gamarano, 2024

Todos os direitos reservados. Nenhuma parte desta obra pode ser reproduzida, arquivada ou transmitida de nenhuma forma ou por nenhum meio sem a permissão expressa e por escrito da Aboio.

Grafia atualizada segundo o Acordo Ortográfico da Língua Portuguesa de 1990, que entrou em vigor no Brasil em 2009.

Dados Internacionais de Catalogação na Publicação (CIP)
Aline Graziele Benitez — Bibliotecária — CRB-1/3129

Gamarano, Júlia
   Ao meu único desejo / Júlia Gamarano. -- 1. ed. -- São Paulo : Cachalote, 2024.

   ISBN 978-65-982871-1-5

   1. Poesia brasileira I. Título.

24-202996   CDD-869.1

Índices para catálogo sistemático:
1. Poesia : Literatura brasileira

[2024]

Todos os direitos desta edição reservados à:
ABOIO EDITORA LTDA
São Paulo — SP
(11) 91580-3133
www.aboio.com.br
instagram.com/aboioeditora/
facebook.com/aboioeditora/

[Primeira edição, agosto de 2024]

Esta obra foi composta em Adobe Garamond Pro.
O miolo está no papel Pólen® Natural 80g/m².
A tiragem desta edição foi de 150 exemplares.
Impressão pelas Gráficas Loyola (SP/SP)

A marca FSC® é a garantia de que a madeira utilizada na fabricação do papel deste livro provém de florestas que foram gerenciadas de maneira ambientalmente correta, socialmente justa e economicamente viável, além de outras fontes de origem controlada.